# Jerônimo Nadal

## O coração de Inácio de Loyola

**Coleção Jesuítas | Volume 12**

**Texto Original**

*Odair Durau, SJ*

**Título original:**
*Jerônimo Nadal: o coração de Inácio de Loyola*
© Copyright da versão original

**Autor:**
Odair José Durau, SJ

**Grupo de Trabalho:**
Clara Mabeli Bezerra Baptista
Douglas Turri Toledo
Ir. Ubiratan Oliveira Costa, SJ
Júlio César Minga Tonetti
Larissa Barreiros Gomes

**Capa e Diagramação:**
Rodrigo Souza Silva

**Coordenador do Programa MAGIS Brasil:**
Pe. Jean Fábio Santana, SJ

**Programa MAGIS Brasil**
Rua Apinajés, 2033 - Sumarezinho
01258-001 São Paulo, SP
T 55 11 3862-0342
juventude@jesuitasbrasil.org.br
vocacao@jesuitasbrasil.org.br
www.facebook.com/vocacoesjesuitas
www.magisbrasil.com

**Edições Loyola Jesuítas**
Rua 1822, 341 - Ipiranga
04216-000 São Paulo, SP
T 55 11 3385-8500/8501 • 2063-4275
editorial@loyola.com.br
vendas@loyola.com.br
www.loyola.com.br

*Todos os direitos reservados. Nenhuma parte desta obra pode ser reproduzida ou transmitida por qualquer forma e/ou quaisquer meios (eletrônico ou mecânico, incluindo fotocópia e gravação) ou arquivada em qualquer sistema ou banco de dados sem permissão escrita da Editora.*

ISBN 978-65-5504-135-4

© EDIÇÕES LOYOLA, São Paulo, Brasil, 2021

# Apresentação

O Programa MAGIS Brasil – Eixo Vocações – traz uma nova edição revista, atualizada e ampliada da Coleção JESUÍTAS, destinada especialmente aos jovens que estão em processo de discernimento vocacional. Este trabalho teve início com o Pe. Jonas Elias Caprini, SJ, no período em que assumiu a coordenação do Programa e o secretariado para Juventude e Vocações da Província dos Jesuítas do Brasil – BRA. Agradecemos a ele a dedicação nesta tarefa, que será continuada com o mesmo cuidado e zelo.

A Coleção JESUÍTAS apresenta a história de grandes jesuítas cujas vidas são para todos inspiração na busca contínua ao que Deus quer para cada um.

Foi lançada em 1987, pela Editora Reus, contendo inicialmente sete volumes, cada um com a história de um santo jesuíta.

Verificando a necessidade de atualizar os materiais vocacionais existentes, o serviço de animação vocacional da Companhia de Jesus apresenta uma nova edição, acrescida de roteiros de oração e demais notas com escritos do próprio jesuíta, textos da Companhia de Jesus e outros comentários e provocações que ajudam a rezar em tempo de discernimento.

As biografias apresentadas nesta coleção são sinais de vidas consagradas ao serviço do Reino. Ajudam-nos a refletir a nossa própria história e a construir um caminho de santidade, guiado pelo projeto de vida à luz da fé cristã, como afirma o Papa Francisco na Exortação Apostólica *Gaudete et Exsultate*, n. 11:

*Há testemunhos que são úteis para nos estimular e motivar, mas não para procurarmos copiá-los, porque isso poderia até afastar-nos do caminho, único e específico, que o Senhor predispôs para nós. Importante é que cada crente discirna o seu próprio caminho e traga à luz o melhor de si mesmo, quanto Deus colocou nele de muito pessoal (cf. 1 Cor 12, 7), e não se esgote procurando imitar algo que não foi pensado para ele.*

Desejamos que essa leitura orante nos motive e nos provoque a viver também para Cristo e que o discernimento vocacional seja um contínuo proceder de todos os jovens que estão abertos para ouvir, acolher e responder os apelos do Senhor da Messe. Boa leitura e oração a todos!

*Pe. Jean Fábio Santana, SJ*
Secretário para Juventude e Vocações
da Província dos Jesuítas do Brasil - BRA

# Jerônimo Nadal

## Confiança de Santo Inácio de Loyola em Jerônimo Nadal[1]

Inácio de Loyola, após o ferimento na batalha de Pamplona, inicia, juntamente com a graça de Deus, a ressignificar sua vida. É um longo período no qual "Deus o tratava como um mestre-escola trata a um menino que ensina" (Autobiografia, 27). Ele, na ousadia de deixar-se levar pelo Senhor, vai sendo conduzido por um "caminho totalmente aberto"[2], inclusive a inúmeros lugares geográficos, tal como Paris. Nesta cidade, por meio de conversações e dos *Exercícios Espirituais*, ele convidou alguns jovens para compartilhar as peripécias de Deus. Esta convivência em torno de Cristo vai ganhando corpo até tornar-se a Companhia de Jesus, mais especificamente, em 27 de setembro de 1540.

---

1 *Este material é inspirado no artigo que o autor escreveu para a Revista de Itaici (São Paulo), v. 110, p. 85-95, 2017.*
2 *Decretos da 35ª Congregação Geral: 16ª desde a restauração da Companhia. São Paulo: Loyola, 2008, p. 75.*

A recém-fundada Ordem apresentava um novo modo de proceder daquilo que era convencional para a vida religiosa da época. De fato, esta novidade gerou um duplo movimento. Por um lado, despertou a curiosidade e a atração de alguns e, por outro, a resistência e o repúdio de outros diante da originalidade deste estilo de vida.

Inácio tinha um campo de atuação restrito, devido às inúmeras demandas da nova Ordem. Ele permanecia na Cúria Geral[3] tecendo relações com as diferentes pessoas e com questões de diversas partes do mundo. Neste contexto, Inácio escreveu as Constituições, que são um guia para a vida do jesuíta. O Peregrino (como se autodenominou Inácio) experimentava muitas tensões, especialmente, a de assegurar a formação do modo de proceder aos jovens que buscavam à Companhia. Para tanto, ele escolheu um jesuíta chamado Jerônimo Nadal para exercer uma função que lhe era própria. O curioso é que Nadal não fez parte do primeiro grupo no momento da fundação da Companhia de Jesus. Pois bem, "Nadal, jesuíta da plena confiança do fundador, foi encarregado de promulgar e explicar as Constituições. Quem era e o que fez para receber

---

3 *O gabinete do superior geral de uma ordem religiosa, bem como as pessoas que o constituem.*

tamanha função?"[4].

## 1. Quem foi Jerônimo Nadal?

Jerônimo Nadal nasceu em Maiorca em 11 de agosto de 1507. Filho de Antonio Nadal e de María Morey[5]. Viveu sua infância e adolescência com sua família. "Como outros filhos das famílias situadas na ilha de Maiorca, marchou para a Universidade de Alcalá a fim de continuar seus estudos"[6]. Acredita-se, pela informação do próprio Nadal, que "com 19 anos, em 1526, viu ali (em Alcalá) algumas vezes Iñigo de Loyola"[7]. Neste centro de estudos, Nadal aprendeu algumas línguas, tais como: latim, grego, hebraico. E também filosofia. "Quando Nadal chegou em Paris e estava a ponto de concluir seus estudos de Artes (= filosofia: 1532-33), Xavier era já professor de filosofia [...] Inácio tinha terminado o bacharelado e receberia o título de licenciatura em Artes e Pedro Fabro já era licenciado em filosofia"[8].

---

4   NADAL, Jerônimo. *Comentários sobre o Instituto da Companhia de Jesus*. São Paulo: Loyola, 2004, p. 7.
5   CAÑELLAS, Juan Nadal. *Jerónimo Nadal: vida y influjo*. Madrid, 2007, p. 14.
6   JURADO, Manuel Ruiz. *Jerónimo Nadal: el teólogo de la gracia de la vocación*. BAC, Madrid, 2011, p. 4.
7   Ibid. p. 4.
8   Ibid. p. 7.

Após Nadal concluir os estudos de teologia em Paris, Inácio convidou-o para fazer os *Exerácios Espirituais*: "'Nadal, agora que sois mestre em teologia, seria bom que se retirasse para meditá-la, entendê-la' [...]. Nadal, mostrando o Novo Testamento que tinha em sua mão, disse a Inácio: eu creio nisto"[9]. A partir desse momento, ambos seguiram caminhos diferentes, porém, caminhos que se cruzariam no momento oportuno.

Assim, desde seus últimos dias em Paris até o ano de 1545, em Maiorca, Nadal andava desolado, "a inquietude de seu ânimo não tinha cessado, manifestava-se com dores de cabeça ou de estômago [...] seguia sentindo ansiedade e amarguras [...]"[10]. Um dia, Nadal abriu seu coração: "faz sete anos, padre, que levo a vida que conhece e com tudo isso não encontro a paz"[11]. A falta de paz esteve presente na vida de Nadal até o momento em que ele leu uma carta escrita por Xavier a Inácio. Nela, narrava a missão no Oriente e agradecia a Deus pela aprovação da Companhia de Jesus. A partir desta leitura, "Nadal foi tomado de uma comoção e se recor-

---

9 IPARRAGUIRRE, Ignacio. *Historia de la práctica de los ejercicios de San Ignacio de Loyola: práctica de los ejercicios de San Ignacio de Loyola en vida de su autor (1522-1566)*. Roma: Institutum Historicum Societatis Iesu, 1946, v. 1, p. 10.
10 Ibid. p. 13.
11 Ibid. p. 16.

dou das vezes que Inácio e seus companheiros em Paris tinham tentado trazê-lo ao grupo"[12]. Tomou a decisão e foi ao encontro de Inácio. Chegou em Roma no dia 10 de outubro de 1545.

---

12  *Ibid. p. 17.*

## Notas

Para conhecer a vida de Jerônimo Nadal, nada melhor que copiar literalmente alguns fragmentos da sua autobiografia, em que relata sua experiência vivida com os *Exercícios Espirituais*, como noviço:

*Em 5 de novembro de 1545, comecei o retiro. Eu estava com boa disposição, mas afligido pela saúde fraca e melancolia. A primeira semana foi frutuosa para mim. Ao terminá-la, confessei-me geralmente com Inácio... O fruto da segunda semana ainda foi maior, especialmente nas duas meditações do Rei temporal e das Bandeiras, e ainda maior nos* mistérios da vida de Cristo. Mas quando cheguei à eleição, senti-me tão perturbado e dissipado, que corporal e espiritualmente me achava destemperado... Vendo Doménech que eu consumiria alguns dias na eleição sem resolver-me a nada, aconselhou-me passar adiante. Respondi-lhe que, naquela noite, faria um último esforço. Assim fiz, e uma graça muito singular de Deus me assistiu de tal forma que com suma consolação da minha alma, sob a ação do Espírito Santo, escrevi:

... Eu, em nome da Santíssima Trindade... determino e proponho seguir os conselhos evangélicos, fazendo os votos na Companhia de Jesus...,
e agora com sumo temor e tremor, confiando na grande misericórdia que Nosso Senhor Jesus Cristo teve comigo, faço este voto com toda a minha alma, com toda a minha vontade, com todas as minhas forças.
A Deus a glória. Amém.
Roma, ano de 1545,
dia 23 de novembro, hora 18 e meia.

Nadal iniciou os *Exercícios Espirituais* sob a orientação do P. Doménech em 5 de novembro de 1545. Entrou na Companhia de Jesus, já sendo padre, em 29 de novembro de 1545 e foi formado sob os olhares de Inácio. Nesta convivência, "ganhou estima e intimidade a tal ponto que Nadal verá em Inácio a encarnação carismática do espírito da Companhia"[13]. O tempo que Jerônimo permaneceu em Roma foi propício para aprender e assimilar o carisma do Santo de Loyola. Por certo, "de vez em quando, Inácio convidava Nadal para caminhar pelas ruas de Roma e nesses passeios ele entendia muitos aspectos da Companhia e da santidade do Peregrino"[14] [...] "nos primeiros tempos de seu noviciado e estadia em Roma, é perceptível que, através de suas anotações espirituais, Nadal fixava mais a atenção em como o Instituto da Companhia unia a contemplação com a ação"[15].

No ano de 1547, Inácio recebeu um pedido para fundar um colégio em Mesina. Enviou Nadal como o primeiro reitor. Em 1550, o Peregrino chamou Nadal a Roma para uma nova missão: apresentar e explicar as Constituições da Companhia de Jesus aos jesuítas.

---

13  Ibid. p. 30.
14  JURADO, 2011, p. 37.
15  Ibid. p. 36.

Santo Inácio escreve as Constituições da Companhia de Jesus.

Desse modo, Nadal se tornou o visitador de todas as casas da Companhia na Europa. Sem dúvidas, "ele conheceu e influenciou mais membros da Companhia, com um contato direto, que o próprio Inácio [...] até 1572, oito anos antes de sua morte [...] infundiu nas duas primeiras gerações o espírito jesuítico [...] e ensinou o que significa ser jesuíta"[16]. As visitas contribuíram para a estabilização de formas adequadas do modo de proceder dos membros da nova Ordem. Com razão, "a harmonia entre a oração e a ação, alcançadas por meio da espiritualização da atividade, constitui a suma aspiração dos ensinamentos de Nadal e é a oração própria dos jesuítas"[17].

O modo de Nadal explicar as Constituições se dava através de palestras[18]. "Nadal não se limitava a indicar o conteúdo das Constituições, mas também se detinha com grande sentido espiritual a explicar a graça da vocação à Companhia, como um dom especial de Cristo à sua Igreja no Instituto e modo de ser da Companhia"[19].

---

16  O'MALLEY, John. *Os primeiros jesuítas*. São Leopoldo: UNISINOS, 2004, p. 29.
17  IPARRAGUIRRE, Ignacio. *Estilo espiritual jesuítico*. Bilbao: Mensajero del Corazón de Jesús, 1964, p. 148.
18  É possível encontrar algumas dessas palestras no seguinte livro: NADAL, Jerónimo. *Las pláticas del P. Jerónimo Nadal: la globalización ignaciana*. Santander: Sal Terrae, 2011.
19  JURADO, 2011, p. 47.

Jerônimo Nadal encontrou sentido no modo de viver a vida religiosa proposta por Inácio e nela entregou-se inteiramente. O que mais lhe chamava atenção, na sua missão como Vigário Geral[20], era o Instituto da Companhia. Por isso, dedicou-se incansavelmente para ajudar os seus companheiros a entenderem quem são através da explicação e difusão das Constituições. A missão de explicar as Constituições se deu na época de Inácio e permaneceu no generalato de Diego Laínez e Francisco de Borja. Nadal morreu em 03 de abril de 1580.

---

20 *Membro de ordem religiosa constituído ordinariamente para ajudar o superior geral no governo da mesma.*

## Momento de Oração

Nadal encontrou sentido no modo de viver a vida religiosa proposta por Inácio e nela entregou-se inteiramente. Neste roteiro de oração, inspirado na vida de Jerônimo Nadal, vamos aprofundar o chamado de Deus que dá sentido à nossa vida. Não se esqueça de, ao final, anotar em seu caderno espiritual e, depois, partilhar com seu acompanhante. Também, não passe adiante sem fazer esse pequeno momento de meditação. Boa oração.

- **Pedido de Graça:** "Senhor, que eu não seja surdo ao seu chamado, mas pronto e diligente em cumprir a sua santíssima vontade" (EE 91).

- **Texto bíblico:** Mateus 4, 12-22.

- **Provocações:**
  - *Estou aberto para acolher as surpresas de Deus?*
  - *Como acolho o chamado vocacional feito por Deus por intermédio de pessoas, dos acontecimentos e da realidade?*
  - *O que faz meu coração pulsar mais forte, ou melhor, onde eu encontro sentido para minha existência?*

## 2. Nadal: o primeiro sistematizador da espiritualidade inaciana

Jerônimo Nadal foi um homem apaixonado por Cristo, pela Companhia de Jesus e, sobretudo, pelo estilo de vida jesuítico. De fato, "a espiritualidade da Companhia de Jesus e as peculiaridades de seu Instituto encontraram em Nadal seu primeiro pensador sistemático. Inácio dizia que ele (Nadal) conhecia seu próprio pensamento em profundidade e Polanco afirmava que (Nadal) 'tem muito conhecimento de Nosso Padre Inácio e parece ter entendido seu espírito e penetrado, mais que qualquer outro na Companhia, o Instituto dela'. Por estas razões, há de atribuir a Nadal a máxima importância no desenvolvimento e transformação do carisma inaciano"[21]. O P. Casanovas em *Sua Vida de Santo Inácio* escreveu: "Laínez nos parece a inteligência de Inácio, Nadal seu coração e Polanco sua mão direita"[22].

---

21  *Diccionario de espiritualidad ignaciana*. Madrid. Mensajero-Sal Terrae. 2ª edición, 2007, p. 1318.
22  NADAL, Jerónimo. *Las pláticas del P. Jerónimo Nadal*. Madrid, 2011, p. 15.

## 2.1. Nadal insiste para Inácio de Loyola narrar a sua história

Nas visitas aos jesuítas, Nadal foi divulgando o modo de proceder da Companhia de Jesus e, ao mesmo tempo, foi percebendo algumas limitações quanto à assimilação deste novo jeito de ser. Diante disso, solicitava que Inácio narrasse como Deus o tinha conduzido. No prólogo da Autobiografia do Peregrino, entendemos a preocupação de Nadal para que Inácio "expusesse o modo como Deus o dirigia"[23]. Jerônimo "considerava a Autobiografia como pilar necessário para fundar a Companhia de Jesus solidamente em seu espírito"[24]. Ele acreditava que a graça da vocação particular da Companhia era a graça dada por Deus ao fundador. Nadal acreditava que "o chamado a uma vida religiosa especial na Igreja chega através da graça suscitada por Deus no fundador da Ordem religiosa a que é chamado"[25].

Após muita insistência, Inácio narrou as peripécias de Deus em sua vida. Comentamos apenas uma perícope da Autobiografia, a qual nos ajuda a compreender

---

23   LOYOLA, Inácio. *Autobiografia de Inácio de Loyola*. São Paulo: Loyola, 1991, p. 10.
24   JURADO, 2011, p. 69.
25   Ibid. p. 56.

o "espírito" da nova Ordem refletida, primeiramente, na experiência humana e espiritual do Peregrino. Gonçalves da Câmara, aquele que ouviu o relato espiritual do Santo, escreveu: *"Estando um dia rezando as Horas de Nossa Senhora, nos degraus do mesmo mosteiro, começou a elevar-se-lhe o entendimento, como se visse a Santíssima Trindade em figura de três teclas, e isto com tantas lágrimas e tantos soluços que não se podia conter. Indo aquela manhã numa procissão que saía dali, nunca pode reter as lágrimas até a hora de comer, nem depois de comer podia deixar de falar da Trindade. E isto com muitas comparações e muito diversas, e com muito gozo e consolação. Assim toda a sua vida lhe ficou esta impressão de sentir grande devoção ao rezar à Trindade"*[26].

Para aprofundar a citação acima mencionada, utilizaremos a reflexão desenvolvida por Christopher Staab, jesuíta dos Estados Unidos. Segundo ele, "a experiência de ver a Trindade como uma expressão de perdão e absolvição, evocada no símbolo das chaves (e não das teclas) acontece quando Inácio está nas escadas de um mosteiro. Ou seja, ele está fora do lugar que mais representava e simbolizava a vida religiosa. O estar nas escadas pode simbolizar que está saindo ou descendo. E

---

26  LOYOLA, 1991, p. 40.

de fato, todo o movimento que acontece no parágrafo sugere que está saindo. Contudo, não está saindo com as mãos vazias. Nelas está o livro do Ofício das Horas de Nossa Senhora. Este detalhe, longe de reportar um fato, nos mostra o Peregrino, embora fora do lugar clássico da vida religiosa, continuando fiel às práticas devocionais dela. Também não podemos subestimar a importância de que a experiência de perdão acontece neste espaço entre um lugar e o outro. Escadas são um lugar de saída, passagem ou movimento, que simbolizam o movimento e disponibilidade tão caras no modo de proceder da Companhia. Mas, este movimento tem uma finalidade. Inácio se junta ao povo e participa de uma procissão onde ele não deixa de falar e partilhar com os outros o que acaba de experimentar. Vemos, brilhantemente desenvolvido neste texto, uma verdadeira lição sobre a vida religiosa que a Companhia de Jesus queria propor. Ela é uma vida situada claramente na vida da Igreja e voltada para as pessoas com muito afeto, comunicando aquilo que mais nos move: a gratuidade de Deus. Em palavras mais claras: este parágrafo é uma apologia da vida religiosa apostólica da Companhia"[27].

---

27 STAAB, Christopher. *A Experiência Trinitária de Inácio de Loyola. Uma lição para os jesuítas jovens de ontem e de hoje.* FAJE. Belo Horizonte, 2016, p. 21-22.

## Notas

Jerônimo Nadal, propagador e comentarista das Constituições, recomendava a quantos desejavam mergulhar na experiência genuína do "modo de proceder" jesuítico *"ler, meditar e saborear* o que escreveu o P. Mestre Inácio, com toda a ponderação, devoção e humildade. Isto fará (o leitor) sentir novo espírito e devoção própria da Companhia... de modo suave, forte, fácil, livre, intrínseco, devoto e sereno" (NADAL IV, 680).

## 2.2. Como Nadal percebia a vida religiosa na Companhia

A Vida Religiosa na Companhia de Jesus, apresentada por Nadal às primeiras gerações, se concretizou em algumas frases marcantes que ainda hoje permanecem repletas de vida e do "espírito" de Inácio de Loyola. Eis algumas: *"'nós não somos monges'; 'o mundo é nossa casa'; 'a nossa habitação nos serve de coro'* e a fórmula *'ser contemplativo na ação'* é uma interpretação do espírito inaciano de *'buscar e encontrar a Deus em todas as coisas'"*[28].

Para Nadal, a Vida Religiosa na Companhia de Jesus, isto é, o modo de proceder do jesuíta, está fundamentada na experiência dos *Exercícios Espirituais*. Com efeito, "Nadal tinha gravado em sua alma que o espírito de Inácio está centrado na transformação do exercitante em Cristo. Inácio deseja chegar à sensibilidade interna e externa para capacitá-lo a projetar sua própria vida no mundo, por meio da imaginação, com o intuito de trabalhar com Ele e como Ele. É uma espiritualidade da encarnação na vida real e que deseja para a Companhia e para o convertido por seus *Exercícios*"[29].

---

28  JURADO, 2011, p. 275.
29  Ibid. p. 271.

Nadal, após a experiência dos *Exercícios Espirituais* e da convivência com Inácio, interpretou o modo de proceder do jesuíta como um contemplativo na ação. Esta frase "encontra-se nas *Anotaciones al Examen* (de Nadal), escritas em 1557, onde diz que Inácio 'sentia e contemplava a Deus tanto em todas as coisas, atividades, conversações, à maneira de *in actione contemplativus*, o qual explicava: que encontrava a Deus em todas as coisas'"[30]. Porém, Inácio em nenhum momento definiu a sua experiência com esta frase. Contudo, Nadal numa de suas palestras, mais especificamente no ano de 1554, na Espanha, "disse que Inácio repetia com frequência *'En el Señor'* (no Senhor), querendo expressar o sentido do espírito em nossas operações, pois não atuamos por nós mesmos, mas em Cristo; como se dissesse: não sou eu que vivo, é Cristo que vive (e atua) em mim"[31].

## 2.3. O que é ser um "contemplativo na ação"?

O jesuíta é um contemplativo na ação, pois tem a sensibilidade de perceber que Deus está atuando no mundo e deseja ser Seu colaborador. Realmente,

---

30  *Diccionario de espiritualidad ignaciana*. Madrid. Mensajero-Sal Terrae. 2ª edición, 2007, p. 457.
31  NADAL, 2011, p. 77.

"Inácio foi místico do Espírito e chegou a ser contemplativo pela inspiração e unção do Espírito Santo. Na opinião de Nadal, esta iniciativa do Espírito oferecida a Inácio é institucional, ou seja, está à disposição de todos os companheiros de Jesus que pretendem alcançar a graça fundamental de ser contemplativo na ação, no Espírito. Inácio repetia frequentemente a expressão *'No Espírito'* e *'No Senhor'*, com a qual queria dizer que tínhamos de experimentar a presença de Cristo e do Espírito Santo, tanto na intimidade com Deus como em todas nossas ações"[32].

Para Nadal, a ação apostólica caminha com a oração, como afirmava o próprio Inácio: "buscar a Deus em todas as coisas"[33]. Na verdade, "o jesuíta atua sob a ação do Espírito (*Spiritu*), movido pela caridade (*corde*), para a ação apostólica (*practice*). É necessário atuar *'no Senhor'*, porque o jesuíta não atua por si mesmo, mas em Cristo, com a sua graça"[34]. Um dos apontamentos espirituais de Nadal nos ajuda a entender o que significa agir *"no Senhor"* ou *"ser um contemplativo na ação"*: "aproveitará em nossa atividade, quando temos de fazer algo, rece-

---

32   NAZÁBAL, Ignacio Cacho. *Iñigo de Loyola: líder y maestro*. Mensajero, España, 2014, p. 157.
33   *Constituições da Companhia de Jesus*. São Paulo: Loyola, 2004, p. 110.
34   *Diccionario de Espiritualidad Ignaciana*. Madrid. Manresa, v. 2, 2007, p. 1318.

ber forças como do alto e como beber em Deus o espírito, que é para continuar nossa atuação. E finalmente, se sentimos que algo de impureza ou imperfeição se está misturando, mortificá-lo-emos desde o início. Assim caminharemos em espírito, como ordena S. Paulo (Gal 5,16), e então, atuaremos *'no Senhor'*, como dizia o P. Inácio"[35].

O modo de proceder *"no Senhor"* é um estado de vida, é um jeito de ser, é um modo de proceder. Efetivamente, "este estado de sentir-se unido a Deus sempre e a qualquer hora é uma das características da consolação. O que nos *Exercícios Espirituais* se descreve como um estado pontual, no Peregrino tornou-se um estado habitual"[36]. É interessante recordar como Nadal descreve o proceder de Inácio de Loyola: "em tudo [...] era consciente e sensível à presença de Deus [...], sendo contemplativo em sua mesma ação. Esta graça e esta luz de sua oração refletidas no [...] seu semblante e na serena [...] confiança com que se ocupava de suas tarefas"[37].

---

35  JURADO, Manuel Ruiz. *Jerónimo Nadal: el teólogo de la gracia de la vocación*. BAC, MADRID, 2011, p. 178 apud Orat. Observ., 253s, n. 823.
36  MELLONI, Javier. *La mistagogía de los Ejercicios*. Ediciones Mensajero-Sal Terrae, 2001, p. 67.
37  Ibid. apud Mon. Nadal, cap. IV, 162-3.

## Notas

Jerônimo Nadal, intérprete da espiritualidade inaciana, escreveu como, nos últimos meses de Manresa, se desenvolveu a vontade de amar e servir no coração de Santo Inácio de Loyola: "Neste tempo... começou a meditar na Vida de Cristo nosso Senhor e a ter nela devoção e desejo de imitá-lo; e logo neste mesmo ponto sentiu o desejo de ajudar o próximo, e assim o fazia com práticas e conversas particulares aos que podia" (Práticas em Alcalá: FN II, 190).

*"No Senhor"* ou *"ser contemplativo na ação"* é uma transformação que se realiza através da prática dos *Exercícios Espirituais* completos. Deveras, "agir no Senhor [...] equivaleria a uma consciência maior da atividade da graça, na qual se apoiam as ações e a qual atribui o resultado sobrenatural das mesmas"[38]. Convém notar que Nadal, ao descrever o espírito dos jesuítas, "adquirido através dos *Exercícios Espirituais* bem praticados e assimilados em sua vida[,] o chama de ensinado por Deus (*Theodidaktoi*) por sua união com Ele"[39].

Nadal colaborou na Companhia de Jesus esclarecendo as críticas direcionadas ao novo modo de proceder e, principalmente, dando confiança aos jovens jesuítas a manterem-se fiéis naquilo que o Espírito estava suscitando à nova Ordem. Nadal ajudou as primeiras gerações de jesuítas a acreditarem que a Companhia de Jesus era de Deus. Jerônimo sentiu-se impulsionado a promover a novidade de Deus manifestada através do Peregrino. Eis a motivação de Nadal: difundir com afeto o proceder da Companhia que tem como fonte o proceder de Cristo.

---

38   NICOLAU, Miguel. *Jerónimo Nadal, S. I., 1507-1580: sus obras y doctrinas espirituales*, 1949, p. 309-10.
39   JURADO, Manuel Ruiz. *Bases teológicas de los ejercicios ignacianos.* Cuadernos de espiritualidad, n. 180. CEI, Chile, 2010, p. 83.

# Momento de Oração

*Nadal tinha gravado em sua alma que o espírito de Inácio está centrado na transformação da pessoa em Cristo.* Neste roteiro de oração, inspirado na vida de Jerônimo Nadal, vamos aprofundar o modo de proceder próprio do jesuíta. Não se esqueça de, ao final, anotar em seu caderno espiritual e, depois, partilhar com seu acompanhante. Também, não passe adiante sem fazer esse pequeno momento de meditação. Boa oração.

- **Pedido de Graça:** *"conhecimento interno da pessoa de Jesus que por mim se fez homem para mais amá-Lo e segui-Lo" (EE 104).*

- **Texto bíblico:** *João 1, 35-42.*

- **Provocações:**
  - Desejo doar minha vida por Cristo?
  - O que me chama atenção na Companhia de Jesus?
  - Sinto-me chamado a ser um contemplativo na ação?

## 3. Nadal: o teólogo da graça da vocação

Quando estudamos a história de Jerônimo Nadal, descobrimos, principalmente, o seu desejo por conhecer o que Deus estava realizando através da pessoa de Inácio de Loyola. De fato, "ele falava daquilo que havia assimilado nos seus vastos e eruditos estudos e daquilo que tinha aprendido no contato com Inácio, sobretudo, aquilo de que sua alma estava cheia, do que havia meditado e sentido, do que havia transformado, assimilado e moldado com sua própria personalidade"[40].

Outro tema importante em Nadal é a concepção da vida religiosa. Por certo, "Nadal considerava a passagem evangélica dos Reis Magos como símbolo da vocação religiosa e os votos encontram significado nos dons oferecidos por aqueles Magos orientais. Os três votos, que constituem um religioso num estilo de vida aprovado, ajudam a cumprir o fim particular da Ordem"[41]. Jerônimo tem consciência que os votos são uma entrega amorosa a Jesus, a qual se concretiza num modo de proceder próprio de uma Ordem ou Congregação. É o que chamamos de carisma específico de uma família religiosa.

---

40  NICOLAU, 1949, p. 137.
41  Ibid. p. 143.

Para viver o amor no seguimento a Jesus, por meio da vida religiosa, através de uma determinada Ordem ou Congregação, é necessário, segundo Nadal, a graça da vocação que advém de Deus por meio do fundador. Aqui entendemos a insistência de Nadal para que Inácio relatasse como Deus o tinha guiado. Muito mais do que conhecer o fundador por simples curiosidade, Nadal desejava conhecer como Deus agiu e quis comunicar um carisma próprio por meio de Inácio.

São Paulo comenta que "tudo me é permitido, mas nem tudo convém"[42]. Sem dúvida, é-nos permitido falar das inúmeras graças recebidas por Inácio de Deus, mas não nos convém neste momento. Podemos saciar nossa curiosidade lendo atenta e afetivamente a Autobiografia, as Constituições, o Diário Espiritual, as Cartas e, especialmente, fazendo a experiência dos *Exercícios Espirituais*, pois, como o próprio Peregrino narrou a Gonçalves da Câmara na Autobiografia, "que os Exercícios não os tinha escrito todos de uma vez, mas algumas coisas que ele observava em sua alma e as achava úteis a si e lhe parecia poderem ser úteis aos outros, as punha por escrito"[43].

---

42   1 Coríntios 6, 12.
43   LOYOLA, 1991, p. 114.

## 3.1. Qual é a graça da vocação da Companhia de Jesus segundo Nadal?

Podemos encontrar a resposta numa das palestras de Nadal em Alcalá, em 1561. Ele diz: "quer conhecer este Instituto e ver o que é a Companhia. Há um meio que guiou Inácio a esta disposição dos ministérios da Ordem. Entre os exercícios há duas meditações, nas quais me consolo e que ajudam a entender a Companhia. Uma é o Rei Temporal e a outra as Duas Bandeiras"[44]. De fato, o primeiro exercício ajuda o exercitante a oferecer e a configurar-se a Cristo. O segundo ajuda o exercitante a viver num estado habitual de discernimento e colaboração com Cristo. Enfim, estes dois exercícios inseridos na dinâmica completa dos *Exercícios Espirituais* proporcionam a graça de ser um companheiro de Jesus, de ser um jesuíta, ser um homem do discernimento.

Inácio de Loyola, o fundador da Companhia de Jesus, era um homem apaixonado por Cristo. Na *Fórmula do Instituto*, ele afirma ser fundamental que "todo aquele que pretende alistar-se sob a bandeira da cruz na nossa

---

44  NADAL, 2011, p. 167.

Companhia, que desejamos se assinale com o nome de Jesus [...] procure ter diante dos olhos, enquanto viver, primeiramente a Deus e depois a regra deste seu Instituto, que é um caminho determinado para ir até Ele"[45]. Na prática, "os jesuítas eram (e são) sensibilizados por Jesus Cristo, a quem contemplavam com vivacidade e colorido como que se apresenta no Evangelho. Tratavam-No como se tivessem convivido com Ele durante sua vida mortal, colocavam-se junto a Ele, ensinados por Inácio, contemplavam-No e serviam suas necessidades, como se se achassem presente"[46]. Com efeito, Inácio ensinou aos jesuítas a aprenderem o modo de proceder de Jesus. Bem disse Arrupe[47]: "meditando o nosso modo de proceder, descobri que o ideal do nosso modo de proceder é o teu modo de proceder".

---

45  *Constituições da Companhia de Jesus*. São Paulo: Loyola, 2004, p. 29-30.
46  IPARRAGUIRRE, 1964, p. 121.
47  *Pedro Arrupe (1907-1991) foi um jesuíta que assumiu a missão de Prepósito Geral da Companhia de Jesus de 1965 até 1983. O volume 11 desta Coleção se debruça sobre sua vida.*

## 3.2. Qual a contribuição de Nadal à Companhia de Jesus?

Nadal contribuiu significativamente para que a Companhia de Jesus estabelecesse seu modo de proceder, unificando-a no espírito do fundador Inácio de Loyola. Na verdade, "o fundador de cada Instituto aparece em sua teologia da vocação como causa instrumental e exemplar do Instituto por ele fundado"[48]. É interessante notar que o Concílio Vaticano II refletiu sobre a Vida Religiosa nos termos de Nadal (evidentemente sem citá-lo, mas no mesmo "espírito"). A Constituição Dogmática *Lumen Gentium* sobre a Igreja fala dos religiosos: "os conselhos evangélicos de castidade consagrada a Deus, de pobreza e de obediência, visto que fundados sobre a palavra e o exemplo de Cristo e recomendados pelos Apóstolos, Doutores e Pastores da Igreja, são um dom divino, que a mesma Igreja recebeu de seu Senhor e com sua graça sempre conservou. E assim sucedeu que, como uma árvore plantada por Deus e maravilhosa e variamente ramificada no campo do Senhor, surgiram diversas formas de vida, quer so-

---

48   JURADO, 2011, p. 140.

litária quer comum, e várias famílias religiosas [...]"⁴⁹.

No Evangelho, Jesus é claro ao dizer que "Ele é a videira e vós os ramos"⁵⁰. Desse modo, "enxertados em Cristo"⁵¹, mediante o modo de vida próprio do fundador, poderemos ser um sinal de Deus no mundo. Por isso, convidamos a aprofundar a graça que Deus dispensou à Companhia de Jesus, através do seu fundador Inácio de Loyola.

---

49   *Concílio Vaticano II. Documentos do Concílio Ecumênico Vaticano II (1962-1965). São Paulo: Paulus, 1997, LG43.*
50   *João 15, 5.*
51   *Romanos 11, 17.*

## Momento de Oração

*Nadal desejava conhecer como Deus agiu e quis comunicar um carisma próprio por meio de Inácio.* Neste roteiro de oração, inspirado na vida de Jerônimo Nadal, vamos aprofundar o modo de proceder próprio da Companhia de Jesus. Não se esqueça de, ao final, anotar em seu caderno espiritual e, depois, partilhar com seu acompanhante. Também, não passe adiante sem fazer esse pequeno momento de meditação. Boa oração.

- **Pedido de Graça:** *"conhecimento interno da pessoa de Jesus que por mim se fez homem para mais amá-Lo e segui-Lo" (EE 104).*

- **Texto bíblico:** *Lucas 18, 18-30.*

- **Provocações:**

  - *Sinto-me chamado a viver a Vida Religiosa?*

  - *Sinto-me chamado à vida na Companhia de Jesus?*

  - *Sinto-me chamado a ser um companheiro de Jesus?*

## Conclusão

O mérito de Jerônimo Nadal foi o de estar atento ao chamado que Deus o fez à Companhia e, principalmente, estar atento ao modo de proceder de Inácio. Ele organizou e sistematizou o novo jeito de ser da Companhia de Jesus. Nadal captou o desejo de Inácio que os seus vivessem a vida espiritual por meio dos Exercícios, ou melhor, que fizessem dos *Exerácios Espirituais* um modo de vida. De fato, "quando Nadal descrevia em termos gerais 'nosso modo de proceder', resumia-o numa tríade de agir 'no Espírito, de coração e na prática'. Este era o ideal da vida jesuítico. Agir 'no Espírito' significava direcionar todas as coisas a Deus e à divina graça. Agir 'de coração' significava pôr todo o sentimento do coração na atividade que se está realizando e nunca agir de uma maneira 'puramente especulativa'. Agir 'na prática' significava que a afetividade do jesuíta não era como a de [apenas] um 'contemplativo', mas dirigia-se a ajudar os outros. A teologia mística expressava um aspecto central do modo de proceder dos jesuítas"[52].

---

52   O'MALLEY, 2004, p. 309.

Contudo, a grande contribuição de Nadal à Companhia de Jesus foi definir o seu modo de proceder como o modo de proceder de Cristo. Ele insistia para que "nos empapássemos no profundo do coração do espírito do Evangelho e recebêssemos a força para oferecê-Lo aos demais"[53]. O mundo interno do jesuíta "está constituído de uma maneira fortemente centralizada. Possui um ponto central e definido, um centro de gravidade de significado tão decisivo e único que a sua força domina todas as encruzilhadas das inclinações e interesses da alma. Esse centro espiritual é o pensamento e o amor de Cristo"[54].

A maravilha da graça da vocação comunicada por Deus a Inácio de Loyola e propagada insistentemente por Nadal, proporcionou aos jesuítas a capacidade de ter uma vida centrada em Cristo, uma vida de oração profunda, a encarar a realidade como uma possibilidade real de amor, enfim, de em tudo amar e servir, ou seja, de ajudar às pessoas.

Concluímos este livro resgatando uma perícope da Congregação Geral 35. Ei-la: "Recordando o P. Jerôni-

---

53   NADAL, 2011, p. 362.
54   LIPPERT, Pedro. *Psicologia dos Jesuítas*. Porto: Apostolado da Imprensa, 1959, p. 23.

mo Nadal, podemos dizer com ele: 'o mundo é a nossa casa'. Como dizia, recentemente, o P. Peter Hans Kolvenbach: 'um mosteiro estável não nos serve, porque recebemos o mundo inteiro para lhe comunicarmos a Boa-Nova. Não nos encerremos no claustro, mas permaneçamos no mundo, no meio da multidão de homens e mulheres que o Senhor ama desde que estão no mundo. São todos estes homens e mulheres que centram a nossa atenção para o diálogo e para a proclamação, porque a nossa missão é a da Igreja: descobrir Jesus Cristo nos lugares onde, até agora, não nos temos apercebido d'Ele e revelá-Lo onde, até agora, não foi visto. Por outras palavras: procuramos 'encontrar Deus em todas as coisas', seguindo o que Santo Inácio nos propõe na 'contemplação para alcançar amor'. O mundo inteiro transforma-se em objeto do nosso interesse e da nossa preocupação"[55].

---

55   *Decretos da 35ª Congregação Geral da Companhia de Jesus, 2008, p. 93-94.*

## Momento de Oração

Chegando ao fim da leitura da vida de Jerônimo Nadal, faça um pequeno exercício de recolhimento dos frutos, atendo-se aos movimentos interiores que você sentiu mais forte enquanto lia essa biografia. Não se esqueça de anotar tudo em seu diário espiritual e procurar o seu acompanhante vocacional para partilhar o que experimentou.

- *Quais os sentimentos e atitudes de Jerônimo Nadal mais me impressionam? Sinto-me identificado com eles? Quais eu desejaria ter?*

- *No que a minha vida e vocação se parecem com a de Jerônimo Nadal?*

- *No que a vida de Jerônimo Nadal me inspira, em minha caminhada vocacional?*

# JESUÍTAS BRASIL

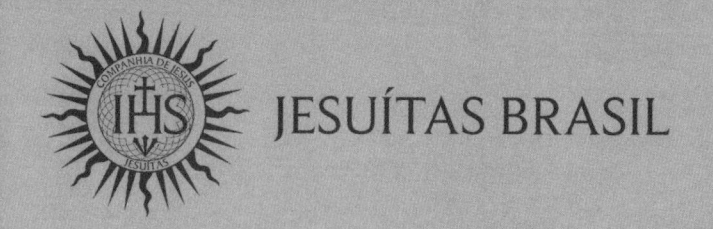

# SENHOR JESUS,

**NÓS TE PEDIMOS
QUE A MUITOS ESCOLHAS E CHAMES,
QUE A MUITOS CHAMES E ENVIES,
CONFORME TUA VONTADE,
PARA TRABALHAR PELA IGREJA
EM TUA COMPANHIA.**

*ORAÇÃO PELAS VOCAÇÕES
PE. NADAL, SJ (1556)*

# VOCAÇÕES JESUÍTAS

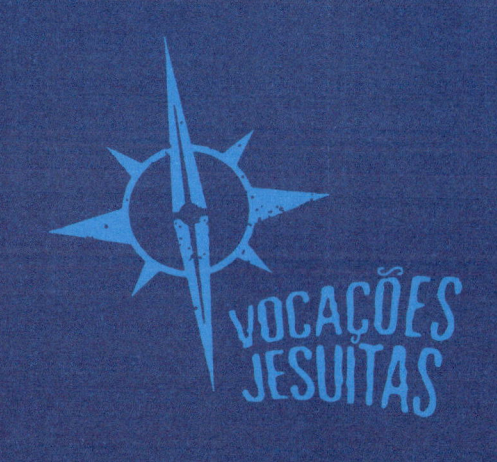

# SER+ PARA OS DEMAIS

WWW.JESUITASBRASIL.COM

Uma das missões dos jesuítas é ajudar os jovens na construção de seus projetos de vida e no discernimento vocacional.

Se você deseja conhecer mais sobre a Companhia de Jesus, entre em contato pelo e-mail **vocacao@jesuitasbrasil.org.br** ou pela página no Facebook **facebook.com/vocacoesjesuitas**

*Escaneie este QR Code para acessar informações sobre as Vocações Jesuítas*